Salón burgués, de A. Romano./ *Paisaje con aves de corral,* de Melchior de Hondecoeter./ *Bodegón con frutas y bogavante* (ca. 1648-1649), de Jan Davidsz de Heem (Gemäldegalerie, Berlín)./ Escena doméstica navideña (ilustrración del siglo XIX)./ *Bodegón con dulces* (siglo XVII), de Yepes./*La comida de los pobres,* grabado./Pintura de Louise Abbema (finales del siglo XIX, Museo de Pau)./ Reunión familiar de Navidad.

Juan Ignacio Luca de Tena, 15, 28027 Madrid
ISBN: 84-7979-325-2
Depósito legal: M. 39.371-1995

Edición al cuidado de Antonio Gil
con la colaboración de
Juan Carlos Sanz y Rosa Gallego(diseño e ilustración de cabeceras),
Fernando Muñoz (documentación gráfica).
Terminado de imprimir en los talleres de
Josmar, S.A.
el 20 de diciembre de 1995
Impreso en España - Printed in Spain

MENÚ NAVIDEÑO

Al dente

CANAPÉS DE CAVIAR

INGREDIENTES PARA 8 PERSONAS

Pan de molde, de centeno: 16 rebanadas. Caviar negro: 4 cucharadas. Colas de langosta congeladas: 2. Huevos duros: 4. Mantequilla: 30 g. Perejil picado: 1 cucharadita.

PREPARACIÓN

Dejar descongelar las colas de langosta y cortarlas en láminas finas.

Cortar discos de rebanadas de pan con la ayuda de un cortapastas o el borde de una copa. Untarlos con mantequilla.

Pelar los huevos duros y cortarlos en rodajas.

Poner una lámina de langosta sobre los discos de pan. Cubrirlas con las rodajas de huevo duro.

Repartirles el caviar y espolvorearlas con el perejil picado. Poner los canapés en una fuente forrada con una blonda de papel.

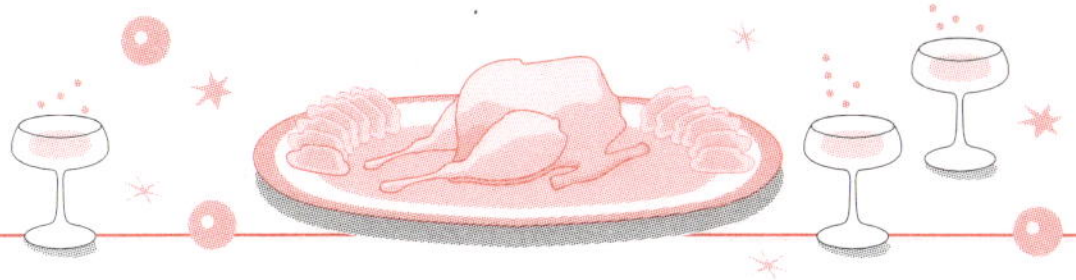

CANAPÉS DE KIWIS Y JAMÓN

INGREDIENTES PARA 8 PERSONAS

Pan de molde: 12 rebanadas. Jamón serrano: 200 g. Kiwis: 6. Tomates "cherry": 12. Mantequilla: para untar.

PREPARACIÓN

Descortezar las rebanadas de pan y cortarlas por la mitad. Untarlas con mantequilla.

Pelar los kiwis y cortarlos en rodajas. Cortar los tomates por la mitad. Trocear el jamón.

Repartir los trozos de jamón sobre las rebanadas de pan. Extender las rodajas de kiwi sobre el jamón.

Poner una mitad de tomate sobre cada canapé.

Colocar los canapés sobre una fuente forrada con una blonda de papel y servir.

CANAPÉS DE SALMÓN AHUMADO

INGREDIENTES PARA 8 PERSONAS

Pan de molde, de centeno: 8 rebanadas. Salmón ahumado: 150 g. Cebolla: 1/2. Mantequilla: para untar. Lima: 1. Aceite: 1 cucharadita. Sal.

PREPARACIÓN

Descortezar las rebanadas de pan. Picar la cebolla muy finamente. Condimentarla con sal y rociarla con el aceite. Cortar la lima en rodajas finas y cortar éstas por la mitad.

Untar las rebanadas de pan con mantequilla. Cubrirlas con las lonchas de salmón ahumado.

Repartir la cebolla picada sobre el salmón y adornar con las medias rodajas de lima.

Poner los canapés sobre una fuente forrada con una blonda de papel y servir.

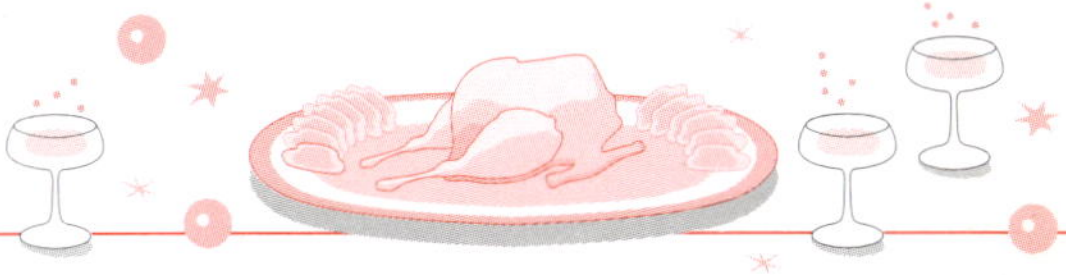

CÓCTEL DE NARANJA Y VODKA

INGREDIENTES PARA 8 PERSONAS

Vodka: 8 cucharadas. Zumo de naranja: 1 l. Cava: 1 botella. Naranjas grandes: 2. Cubitos de hielo: 2 cubiteras.

PREPARACIÓN

Poner a enfriar el cava en la nevera.

Cortar las naranjas, con su piel, en rodajas finas. Hacerles un corte a cada una, desde la piel hasta el centro.

Mezclar el zumo de naranjas con la vodka y el cava.

Repartir los cubitos de hielo en vasos altos y llenarlos con el cóctel.

Insertar en los bordes de los vasos una rodaja de naranja y servirlos con pajitas.

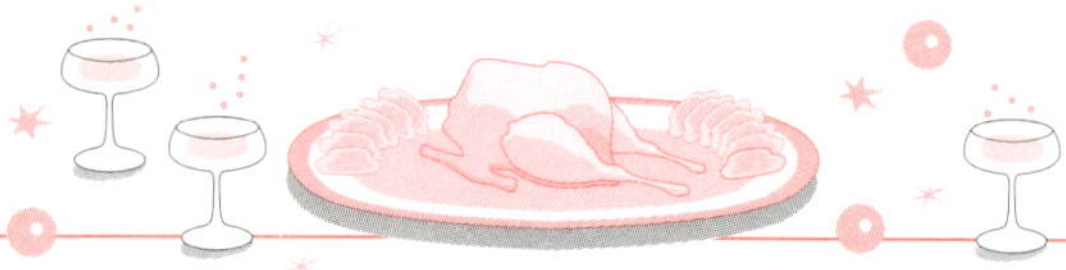

CÓCTEL DE PIÑA AL CAVA

INGREDIENTES PARA 8 PERSONAS

Piña fresca: 1. Cava brut: 2 botellas. Azúcar: 50 g. Zumo de 1 limón. Hielo: 2 cubiteras.

PREPARACIÓN

Poner el cava a enfriar en la nevera, si éste estuviera a temperatura ambiente.

Pelar la piña y cortarla en rodajas. Cortar cada una de ellas en trozos pequeños. Ponerlos en una ensaladera. Mezclarlos con el azúcar y el zumo de limón. Dejarlos macerar en la nevera durante 1 hora.

Triturarlos con una batidora eléctrica y ponerlos en jarras.

Añadirles el cava bien frío y los cubitos de hielo. Servir en vasos altos.

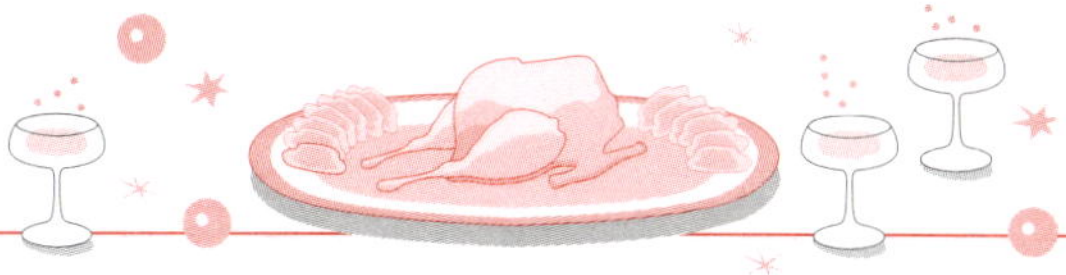

OSTRAS GRATINADAS

INGREDIENTES PARA 8 PERSONAS

Ostras: 2 docenas. Ajo: 1/2 diente. Mantequilla: 80 g. Queso gruyère rallado: 3 cucharadas. Pan rallado: 4 cucharadas.

PREPARACIÓN

Precalentar el gratinador del horno.

Pelar el medio diente de ajo y picarlo finamente. Aplastarlo con la hoja de un cuchillo hasta que quede convertido en una pasta.

Poner mantequilla en un cuenco y batirla hasta convertirla en una crema. Añadirle la pasta de ajo y mezclar bien.

Mezclar el pan rallado con el queso rallado.

Abrir las ostras. Desecharles la concha plana y ponerlas en una fuente refractaria.

Repartirles la preparación de mantequilla y espolvorearlas con la mezcla de pan y queso rallados.

Gratinarlas y servirlas enseguida.

CARPACCIO DE SALMÓN

INGREDIENTES PARA 8 PERSONAS

Salmón fresco en un trozo, sin piel y sin espinas: 800 g. Zumo de 3 limones. Pimienta negra en grano: 1 cucharadita. Azúcar: 2 cucharadas. Aceite de oliva virgen: 6 cucharadas. Ramas de perejil: 2. Tomillo seco: 1 cucharadita. Sal.

PREPARACIÓN

Envolver el trozo de salmón en papel de aluminio y ponerlo dentro del congelador durante unos 20 minutos hasta que se endurezca ligeramente.

Mientras tanto, machacar los granos de pimienta, el tomillo, el azúcar y un pellizco de sal en un mortero, hasta que los granos de pimienta se hayan partido en trozos pequeños.

Cortar el salmón en filetes muy finos. Extenderlos sobre una fuente hasta formar una capa. Espolvorearlos con parte de la mezcla del mortero. Rociarlos con unas gotas de aceite y poner otra capa de filetes. Repetir el procedimiento hasta terminarlos.

Cubrir la fuente con un trozo de film transparente y dejar reposar en la nevera durante 12 horas.

Minutos antes de servir, retirar el plástico y rociar los filetes con el zumo de limón y adornar con las ramas de perejil.

CRÊPES DE SETAS Y FOIE

INGREDIENTES PARA 8 PERSONAS

Crêpes: *véase* la receta. Setas frescas: 750 g. Foie de oca: 100 g. Salsa crema: *véase* la receta. Harina: 1 cucharada. Calvados: 2 cucharadas. Mantequilla: 20 g. Aceite: 2 cucharadas. Sal.

PREPARACIÓN

Preparar las crêpes y la salsa crema. Reservarlas.

Lavar las setas. Secarlas y trocearlas.

Calentar el aceite y derretir la mantequilla en una sartén y freír las setas a fuego vivo hasta que hayan soltado su jugo y éste se haya evaporado.

Espolvorearlas con harina. Removerlas con una cuchara de madera. Verterles el licor de calvados y cocerlas unos 3 minutos más. Condimentarlas con sal y dejar entibiar.

Aplastar el foie con un tenedor y mezclarlo con las setas.

Precalentar el horno a temperatura moderada (180° C - termostato 6). Untar una fuente refractaria con mantequilla y cubrir el fondo con unas cucharadas de salsa crema.

Repartir el relleno de setas y foie sobre las crêpes y enrollarlas. Ponerlas en la fuente, una al lado de la otra.

Cubrirlas con la salsa restante y hornear 20 minutos. Servir.

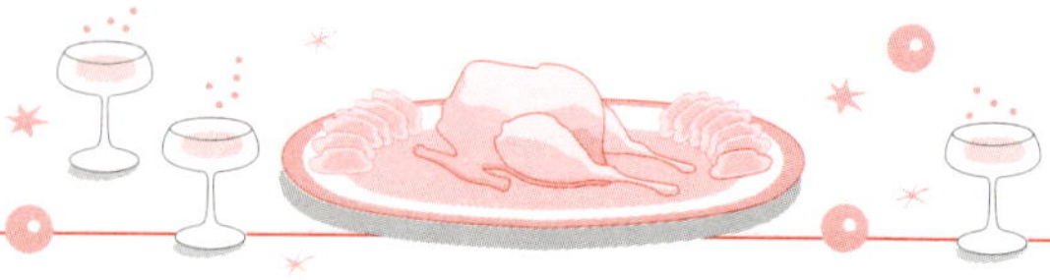

ENSALADA DE ESCAROLA, ACHICORIAS ROJAS Y GRANADA

INGREDIENTES PARA 8 PERSONAS

Escarola: 1. Achicorias rojas: 2. Maíz desgranado: 1 taza. Granadas: 2. Aceite de nuez: 5 cucharadas. Mostaza a las hierbas: 1 cucharadita. Vinagre de vino jerez: 2 cucharadas. Sal.

PREPARACIÓN

Cortar las granadas por la mitad y desgranarlas.

Separar las hojas de la escarola y las achicorias. Lavarlas cuidadosamente y secarlas. Cortarlas en tiras.

Extenderlas en una fuente y esparcir los granos de maíz y los de granada.

Poner la mostaza en un bol. Mezclarla con el vinagre y sal. Añadir el aceite y mezclar bien.

Momentos antes de servir, aliñar la ensalada con la salsa y sacar a la mesa.

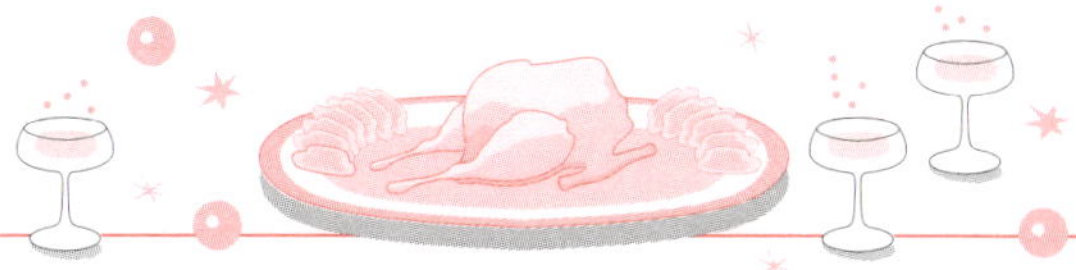

MAGRET DE PATO CON AGUACATES

INGREDIENTES PARA 8 PERSONAS

Magret de pato: 1. Aguacates: 4. Cogollos de Tudela: 4. Aceite de oliva virgen: 3 cucharadas. Zumo de 2 limones. Perejil picado: 1/2 cucharadita. Pimienta blanca. Sal.

PREPARACIÓN

Cortar el magret en rodajas transversales y muy finas.

Quitar las hojas exteriores de los cogollos. Lavarlos, secarlos y cortarlos por la mitad a lo largo.

Cortar los aguacates por la mitad. Quitarles los huesos y pelarlos. Cortarlos en dados grandes.

Poner los dados de aguacate en una ensaladera. Salpimentarlos y aliñarlos con el aceite de oliva virgen y el zumo de limón.

Ponerlos en el centro de una fuente. Espolvorearlos con el perejil picado. Rodearlos con las mitades de cogollos y las rodajas de magret. Servir enseguida.

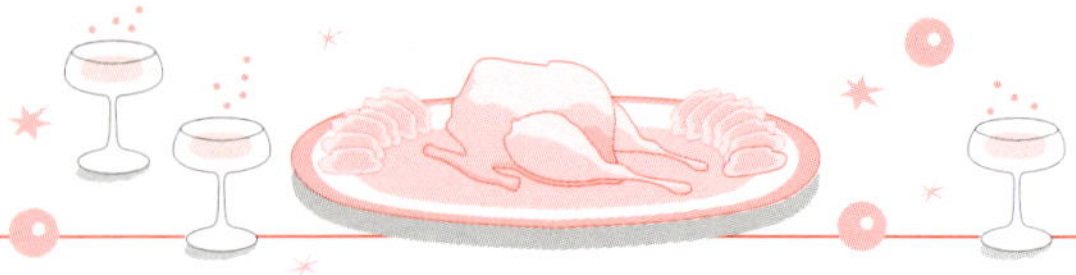

MELONES RELLENOS

INGREDIENTES PARA 8 PERSONAS

Melones pequeños, de ración: 8. Colas de gambas cocidas y peladas: 750 g. Arroz de grano largo: 3/4 taza. Anacardos: 6 cucharadas. Mayonesa: 4 cucharadas. Salsa ketchup: 1 cucharada. Coñac: 1 cucharada. Pimienta. Sal.

PREPARACIÓN

Poner a hervir agua con sal en un cazo. Cuando comience a hervir, echar el arroz en forma de lluvia y cocerlo 15 minutos a fuego medio, hasta que esté tierno. Escurrirlo y dejarlo enfriar.

Trocear los anacardos.

Cortar una rodaja de aproximadamente 3 cm a los melones, por la parte de uno de sus polos. Cortar una rodaja de 0,5 cm por el otro lado, de manera que se apoyen sobre el corte sin caerse.

Retirarles las pepitas y sacar pequeñas bolas de pulpa con una cucharilla adecuada para este fin. Raspar el interior con una cuchara para quitar los restos de pulpa.

En un tazón, mezclar la mayonesa con la salsa ketchup y el coñac. Salpimentar.

Poner las bolitas en un cuenco y mezclarlas con el arroz, las gambas, los anacardos y la salsa preparada.

Rellenar los melones con la preparación y reservarlos en la nevera durante media hora.

Ponerlos en copas de boca ancha y servirlos.

Cortar dos rodajas

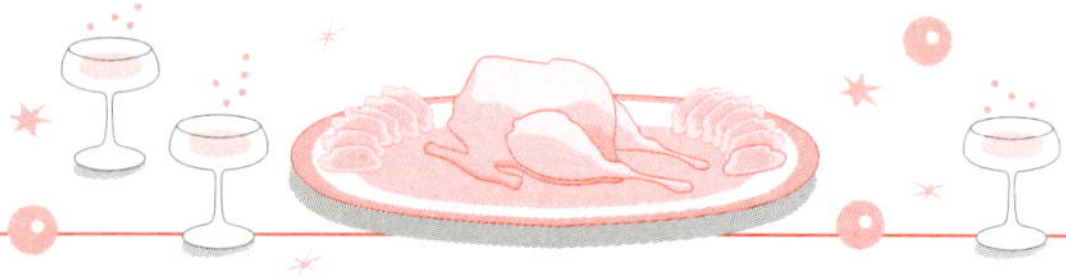

BESUGO ASADO CON PATATAS Y COL LOMBARDA

INGREDIENTES PARA 8 PERSONAS

Besugos limpios: 2 de 1,500 kg c/u. Limones: 2. Cebolla grande: 1. Tomates maduros: 2. Pan rallado: 2 cucharadas. Col lombarda grande: 1. Patatas: 8. Ajo: 3 dientes. Manteca de cerdo: 50 g. Aceite de oliva: 8 cucharadas. Vino blanco seco: 2 vasos. Laurel: 2 hojas. Vinagre. Sal.

PREPARACIÓN

Cortar la col lombarda por la mitad. Quitarle el tronco blanco central y cortarla en tiras finas.

Poner agua con sal y un chorrito de vinagre a hervir en una cacerola. Cocer la col lombarda durante unos 20 minutos, hasta que esté bien tierna. Escurrirla y ponerla en una cazuela. Reservarla.

Precalentar el horno a temperatura caliente (200° C - termostato 8). Pelar la cebolla y trocearla. Trocear los tomates.

Pelar las patatas y cortarlas en rodajas.

Cortar los limones en rodajas. Cortar éstas, a su vez, por la mitad.

Condimentar los besugos con sal por dentro y por fuera. Ponerles las hojas de laurel en su interior. Hacerles unas incisiones transversales en la piel e insertar en ellas las medias rodajas de limón.

Poner la mitad del aceite en una fuente refractaria y extender las rodajas de patata. Esparcir los trozos de cebolla y de tomate, y disponer los besugos.

Verter el vino y espolvorear los pescados con el pan rallado. Hornearlos durante unos 40 minutos, hasta que el pan rallado esté dorado y los pescados estén blandos.

Pelar los dientes de ajo y picarlos. Derretir la manteca en una sartén y dorar los ajos. Verterlos sobre la col lombarda. Calentar ésta durante unos minutos, y servirla junto con los besugos asados.

LANGOSTAS A LA THERMIDOR

INGREDIENTES PARA 8 PERSONAS

Langostas vivas: 4 de 800 g c/u. Chalotas: 4. Estragón seco: 1 cucharadita. Vino blanco seco: 2 vasos. Mantequilla: 150 g. Harina: 2 cucharadas. Leche: 1/2 l. Nata líquida: 300 cc. Cava: 1 vaso. Pan rallado: para espolvorear. Pimienta. Sal.

PREPARACIÓN

Poner en una olla 5 l de agua con un buen puñado de sal a hervir. Sumergir las langostas en el agua hirviendo y dejarlas cocer 15 minutos, hasta que el agua comience a hervir nuevamente. Dejarlas entibiar dentro de su caldo.

Pelar las chalotas y picarlas. Ponerlas en un cazo. Añadir el vino blanco y salpimentar. Cocer a fuego vivo hasta que el líquido se haya evaporado casi totalmente (no debe quedar más que unas cuatro cucharadas de vino). Reservar.

Precalentar el horno a temperatura máxima.

Derretir 30 g de mantequilla en un cazo. Agregar la harina y removerla con una cuchara de madera. Añadir la leche y cocer, sin dejar de remover, hasta conseguir una salsa espesa. Salpimentarla y reservarla.

Incorporarle la crema de leche y el vino con las chalotas.

Escurrir las langostas del agua y partirlas en dos a lo largo con una cuchilla de cocina. Con los dedos, sacar la carne de las colas. Reservar los caparazones vacíos.

Trocear la carne de las langostas. Derretir la mitad de la mantequilla restante en una sartén y saltear la carne de langosta a fuego suave. Regarla con el vino de cava y encenderlo. Una vez que el fuego se haya apagado, agregar la salsa reservada y cocer unos minutos hasta que todo esté bien caliente.

Cortar la mantequilla restante en trocitos. Poner los caparazones de langosta vacíos en una bandeja de horno. Rellenarlos con la preparación anterior. Espolvorearlos con el pan rallado y esparcirles los trocitos de mantequilla.

Hornear hasta que el pan rallado se haya dorado ligeramente. Servir bien caliente.

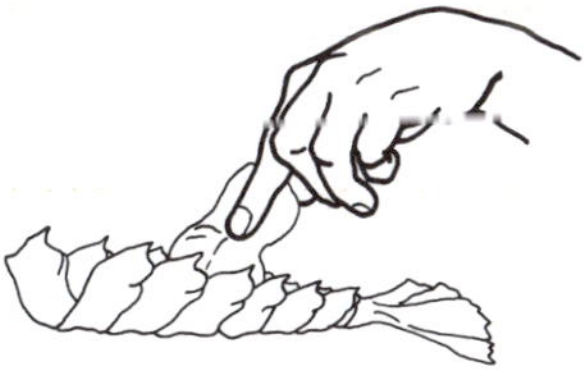

Sacar la carne

LUBINA CON SALSA HOLANDESA

INGREDIENTES PARA 8 PERSONAS

Lubina limpia: 1 de 2 kg. Caldo corto: *véase* la receta. Yemas: 7. Mantequilla: 170 g. Limones: 2. Zumo de 1 limón. Patatas medianas: 8. Perejil picado: 1 cucharadita. Pimienta. Sal.

PREPARACIÓN

Preparar el caldo corto como lo indica su receta.

Poner a hervir agua con sal en una cacerola. Pelar las patatas y cocerlas en el agua hirviendo hasta que estén tiernas. Escurrirlas.

Cortar los limones en rodajas y reservarlos.

Poner el caldo corto nuevamente en la besuguera y calentarlo hasta que comience a hervir. Retirarlo del fuego.

Sumergir la lubina en el caldo caliente. Tapar la besuguera y envolverla en dos trozos de papel de aluminio. Reservar.

Cortar la mantequilla en trocitos pequeños y ponerlos en un cazo. Derretirlos a fuego suave, sin que llegue a burbujear.

Poner las yemas, cuatro cucharadas de agua, el zumo de limón, pimienta y sal en un cazo. Cocer al baño María, sin dejar de batir con un batidor de varillas hasta mezclar bien los ingredientes.

Agregar la mantequilla derretida, muy poco a poco y sin dejar de batir, hasta conseguir una salsa espesa y untuosa. Ponerla en una salsera.

Levantar la lubina de su caldo y ponerla en una fuente. Rodearla con las patatas. Espolvorear éstas con el perejil picado. Añadir las rodajas de limón y servir con la salsa.

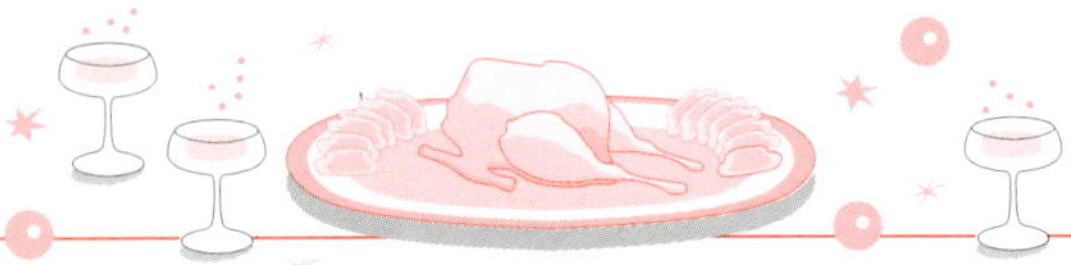

RODAJAS DE SALMÓN FRESCO AL ENELDO

INGREDIENTES PARA 8 PERSONAS

Rodajas gruesas de salmón fresco: 8. Limones: 3. Ajo: 1 diente. Aceite: 3 cucharadas. Mantequilla: 50 g. Harina: 1/2 cucharada. Leche: 1 vaso. Crema de leche: 1 vaso. Patatas medianas: 8. Perejil picado: 1/2 cucharadita. Eneldo seco: 1 cucharadita. Pimienta. Azúcar: una pizca. Sal.

PREPARACIÓN

Poner a hervir agua con sal en una cacerola. Pelar las patatas e introducirlas en el agua hirviendo. Cocerlas hasta que estén tiernas y reservarlas.

Pelar el diente de ajo y partirlo por la mitad a lo largo. Derretir la mantequilla en un cazo y rehogar las mitades de ajo. Agregar la harina y cocerla hasta que comience a burbujear. Incorporar la leche, la mitad del eneldo, sal, pimienta y una pizca de azúcar. Cocer a fuego medio, sin dejar de remover con una cuchara de madera, hasta que la salsa comience a espesarse.

Añadir la crema de leche. Cocer un minuto más, hasta que comience a hervir y retirar del fuego. Quitar las mitades de ajo y reservarla.

Precalentar el horno a temperatura caliente (200° C - termostato 8). Untar con aceite una fuente refractaria grande (donde quepan las rodajas de pescado, una al lado de la otra). Exprimir uno de los limones y cortar los otros dos en cuartos.

Salpimentar las rodajas de salmón por ambos lados y ponerlas en la fuente. Pincelarlas con el aceite y rociarlas con el zumo de limón. Espolvorearlas con el eneldo restante.

Hornearlas durante unos 15 minutos, hasta que estén algo doradas. Pasarlas a una fuente.

Calentar la salsa y bañar con ella las rodajas de salmón. Escurrir las patatas y agregarlas a la fuente. Espolvorearlas con el perejil picado. Añadir los cuartos de limón y servir.

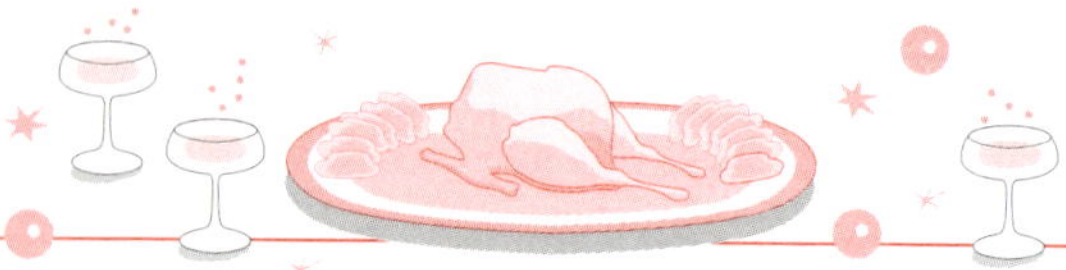

LANGOSTINOS CON ALMENDRAS

INGREDIENTES PARA 8 PERSONAS

Langostinos grandes: 32. Vino blanco seco: 1 vaso. Almendras tostadas: 150 g. Ajo: 2 dientes. Perejil picado: 1 cucharada. Aceite de oliva: 1/2 taza. Pimienta. Sal.

PREPARACIÓN

Pelar los dientes de ajo. Calentar la mitad del aceite en una sartén y rehogar los dientes de ajo. Retirarlos y ponerlos en un mortero. Agregar 50 g de almendras y el perejil.

Machacar los ingredientes hasta conseguir una pasta.

En el mismo aceite dorar los langostinos por tandas, por ambos lados. Escurrirlos y reservarlos.

Poner el vino, las almendras restantes y el contenido del mortero en una cazuela. Salpimentar y dejar hervir 10 minutos.

Incorporar los langostinos. Mezclarlos cuidadosamente con la salsa y continuar la cocción 5 minutos más.

Retirar la cazuela del fuego. Rociar los langostinos con el aceite de oliva restante y servirlos en una fuente, bien calientes.

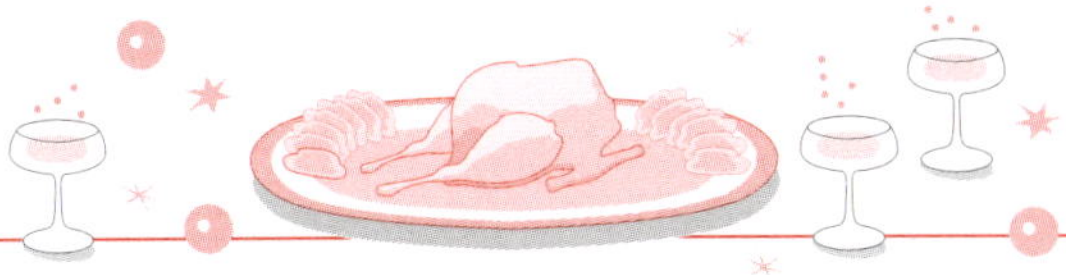

TURBANTE DE PESCADOS Y JAMÓN

INGREDIENTES PARA 8 PERSONAS

Filetes de merluza: 500 g. Filetes de rosada: 250 g. Filetes de lenguado: 250 g. Huevos: 3. Pan rallado: 3 cucharadas. Zanahorias: 2. Cebollas: 2. Jamón serrano: 200 g. Aceite: 4 cucharadas. Pimienta. Azúcar. Sal.

PREPARACIÓN

Picar los filetes de pescados en una picadora eléctrica. Raspar las zanahorias y rallarlas. Pelar las cebollas y picarlas.

Calentar el aceite en una sartén y dorar la mitad de las cebollas picadas.

Precalentar el horno a temperatura caliente (200º C - termostato 8).

Forrar el interior de un molde corona con las lonchas de jamón.

Mezclar en un cuenco el pescado picado, la cebolla cruda, la cebolla frita, las zanahorias ralladas, el pan rallado y los huevos. Condimentar con abundante pimienta, una cucharadita de azúcar y una cucharadita de sal.

Rellenar el molde con la preparación. Hornearla durante unos 50 minutos, hasta que se haya cuajado y la superficie esté dorada.

Retirarla del horno y desmoldarla sobre una fuente. Servir caliente, o tibio.

CAPÓN RELLENO

INGREDIENTES PARA 10 PERSONAS

Capón limpio: 1 de unos 3 kg. Bizcochos de soletilla (melindros): 12. Brandy: 1/2 vaso. Ciruelas secas deshuesadas: 300 g. Huevos: 2. Nueces peladas: 150 g. Manzanas "golden": 4. Mantequilla: 50 g. Aceite: 3 cucharadas. Zumo de 2 limones. Pimienta. Sal.

PREPARACIÓN

Poner las ciruelas en un cuenco. Añadirles el brandy y cubrirlas con agua. Dejarlas en remojo durante 1 hora.

Precalentar el horno a temperatura caliente (200° C - termostato 8). Picar las nueces. Desmenuzar los bizcochos. Pelar las manzanas. Cortarlas en cuartos. Quitarles las pepitas y trocearlas. Salpimentar el capón por dentro y por fuera y ponerlo en una bandeja de horno.

Escurrir las ciruelas y reservar el jugo de la maceración. Ponerlas en el cuenco y mezclarlas con los bizcochos, las nueces, las manzanas y los huevos. Salpimentar y mezclar bien.

Rellenar el capón con la mezcla y coser la abertura por la que se le ha rellenado.

Untarlo con la mantequilla. Rociarlo con el aceite y el zumo de limón. Asarlo en el horno durante 40 minutos.

Bajar la temperatura del horno a 180º C (termostato 6). Añadirle el jugo de la maceración de las ciruelas y continuar la cocción durante 2 horas y media más, rociándolo con su jugo de vez en cuando.

Servir bien caliente.

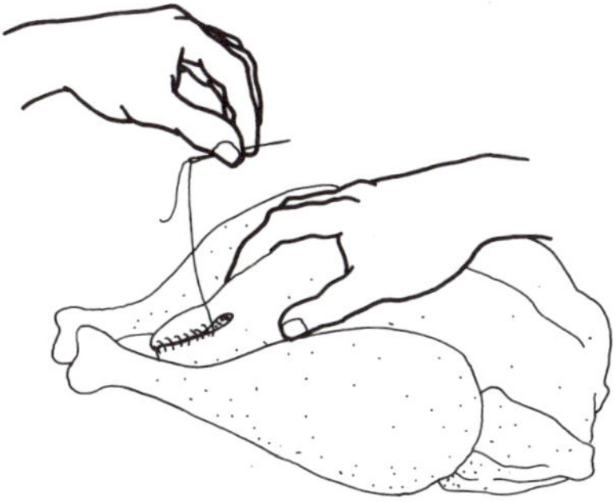

Coser la abertura

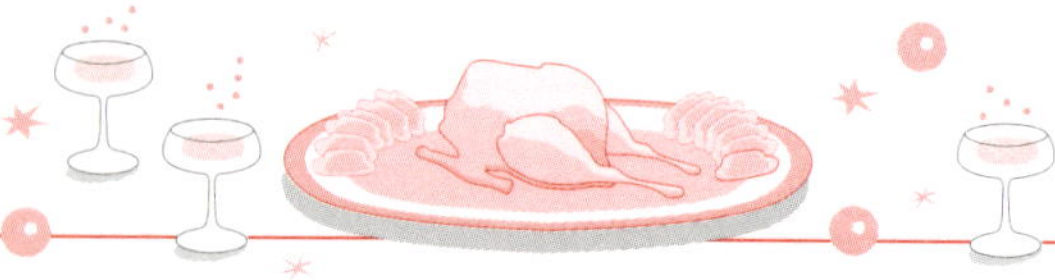

FAISÁN CON TRUFAS Y OPORTO

INGREDIENTES PARA 8 PERSONAS

Faisanes machos de granja limpios: 2. Higadillos de pato: 8. Manteca: 100 g. Trufas: 150 g. Champiñones: 600 g. Uvas moscatel: 400 g. Zumo de 1 limón. Vino de Oporto: 750 cc. Pan rallado: 4 cucharadas. Pimienta. Sal.

PREPARACIÓN

Trocear los hígados de pato.

Cortar seis trufas en dados, y en láminas finas el resto de ellas.

Quitarles el pie terroso a los champiñones. Trocearlos si fueran grandes y rociarlos con el zumo de limón.

Pelar las uvas. Salpimentar los faisanes por dentro y por fuera.

Derretir 50 g de manteca en una sartén y dorar los higadillos de pato. Salpimentarlos. Pasarlos por un colador de malla fina o triturarlos con una batidora eléctrica.

Poner un vaso de Oporto en un cazo y hervir en él los dados de trufas durante 10 minutos a fuego vivo. Retirar del fuego. Añadir los hígados de pato y el pan rallado. Mezclar bien.

Rellenar los faisanes con la mezcla. Coserles las aberturas con hilo blanco y reservarlos.

Precalentar el horno a temperatura media (160º C - termostato 5).

Derretir el resto de la manteca en una cazuela de barro y dorar los faisanes.

Añadir los champiñones, las láminas de trufas y las uvas. Salpimentar e incorporar el vino de Oporto restante.

Tapar la cazuela con su propia tapa y envolverla en papel de aluminio de manera que quede herméticamente cerrada. Hornear durante 1 hora.

Poner los faisanes en una fuente y bañarlos con parte de su salsa. Poner el resto en un recipiente y servir enseguida.

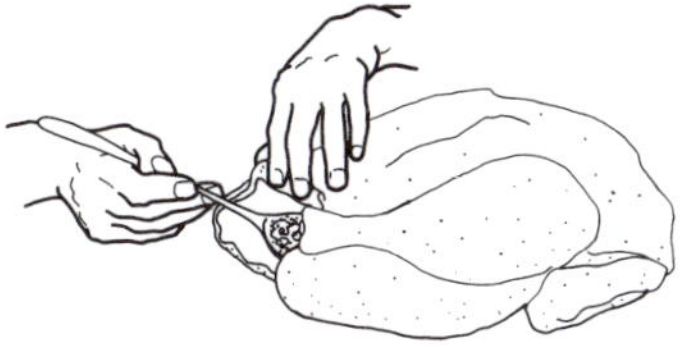

Rellenar los faisanes

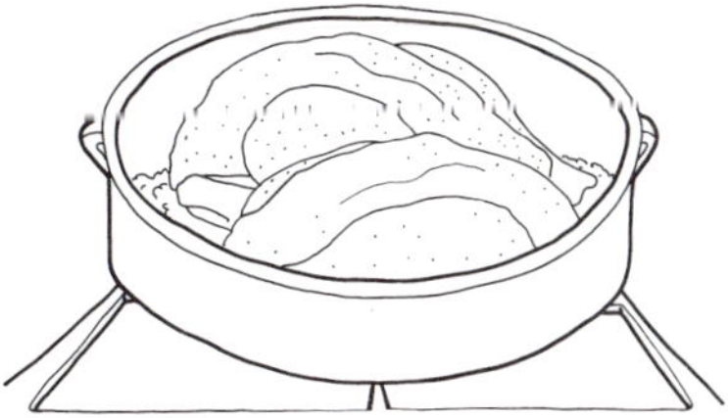

Dorarlos en la cazuela

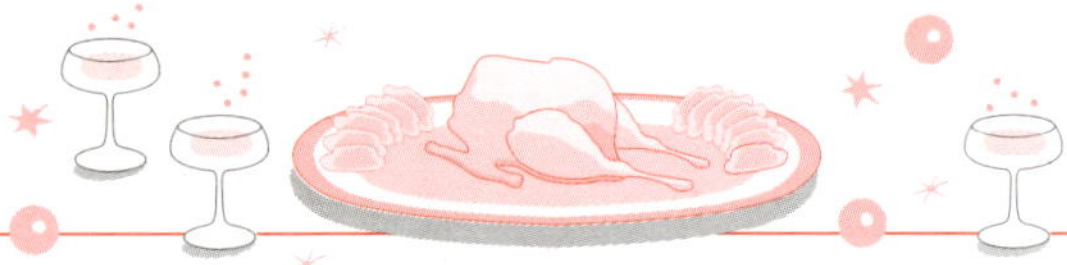

PECHUGA DE PAVO A LA CANELA

INGREDIENTES PARA 6 PERSONAS

Pechuga de pavo deshuesada y cortada en dados grandes: 800 g. Tocino fresco: 100 g en un trozo. Vino blanco seco: 1/4 l. Ciruelas pasas deshuesadas: 400 g. Caldo de ave: 1/2 l. Nata: 1/2 vaso. Harina: 1 cucharada. Aceite: 4 cucharadas. Mantequilla: 40 g. Canela en rama: 2. Azúcar moreno: 1 cucharada. Pimienta. Sal.

PREPARACIÓN

Poner las ciruelas en un cuenco. Cubrirlas con agua y dejarlas en remojo 1 hora. Cortar el tocino en dados pequeños.

Calentar el aceite y derretir la mantequilla en una cacerola de fondo grueso y sofreír los dados de pechuga. Escurrirlos, salpimentarlos y reservarlos.

En la misma cacerola dorar el tocino. Agregar la harina y remover con una cuchara de madera. Incorporar el vino y el caldo. Cocer, sin dejar de remover, hasta que comience a hervir.

Añadir el azúcar, la canela, pimienta y sal. Cocer a fuego suave hasta que el volumen se haya reducido a la mitad.

Escurrir las ciruelas y agregarlas a la cacerola. Incorporar los dados de pechuga. Continuar la cocción unos 20 minutos. Agregar la nata. Cocer un par de minutos más y servir.

El placer de la mesa es propio de cualquier edad, clase, nación y época; puede combinarse con los demás placeres, y subsiste hasta lo último para consolarnos de la pérdida de los otros.

J. A. BRILLAT-SAVARIN

Escribo estos preceptos para la Grecia inmortal:
que ante una mesa delicadamente dispuesta
sólo tres o cuatro se sienten en selecta holganza,
cinco a lo sumo. Pues como sean más los comensales
semejarán una tropa lanzada tras la presa.

ARCÉSTRATO

Comer es una necesidad,
pero comer con inteligencia es un arte.
De La Rochefoucauld

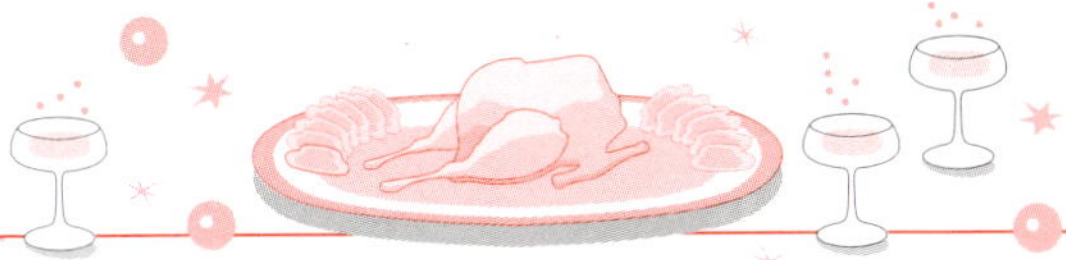

SALMIS DE PATO AL CALVADOS

INGREDIENTES PARA 6 PERSONAS

Pato limpio, cortado en 6 trozos: 1 de 1,800 kg. Calvados: 1 vaso. Cebolla: 1. Zanahorias: 2. Manzanas ácidas: 2. Caldo de ave: 3/4 l (puede ser de pastilla). Harina: 1 cucharada bien llena. Aceite: 1/2 taza. Mantequilla: 60 g. Laurel: 1 hoja. Azúcar: 1 cucharadita. Pimienta en grano: 1/2 cucharadita. Sal.

PREPARACIÓN

Pelar la cebolla y picarla. Raspar las zanahorias y rallarlas. Pelar las manzanas y rallarlas. Calentar la mitad del aceite y derretir la mitad de la mantequilla en una cazuela. Rehogar a fuego suave la cebolla, las manzanas y las zanahorias hasta que estén tiernas.

Agregar el calvados y el caldo. Condimentar con el azúcar, el laurel, pimienta en grano y sal. Cocer a fuego vivo 20 minutos.

Mientras tanto, calentar el aceite restante en una sartén y dorar los trozos de pato por tandas. Escurrirlos y condimentarlos con sal.

Mezclar la harina con la mantequilla restante hasta formar una bola. Colar la salsa de calvados y volverla a poner en la cazuela. Añadir la bola de harina y cocerla, sin dejar de remover con una cuchara de madera. Incorporar los trozos de pato y continuar la cocción 10 minutos más. Servir bien caliente.

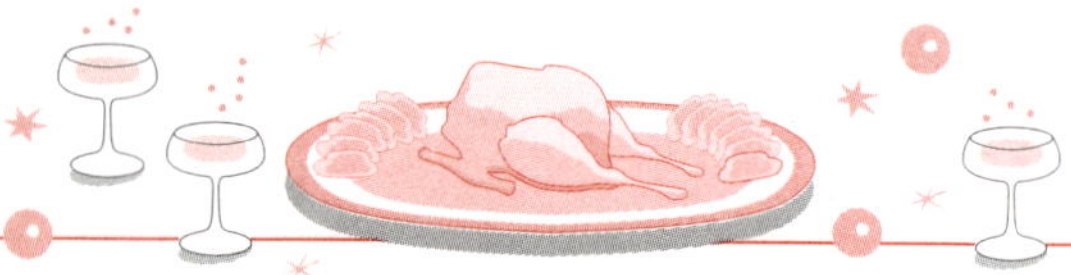

PECHUGAS DE POLLO CON UVAS Y CAVA

INGREDIENTES PARA 8 PERSONAS

Pechugas: 8. Chalotas: 4. Uvas: 1 kg. Jamón serrano: 100 g (en un trozo). Cava: 1/2 l. Caldo de ave: 1/2 pastilla. Crema de leche: 200 cc. Harina: para rebozar. Aceite: 5 cucharadas. Mantequilla: 50 g. Pimienta. Sal.

PREPARACIÓN

Poner las pechugas en una ensaladera. Cubrirlas con el cava y dejarlas macerar durante 2 horas.

Pelar las uvas y reservarlas. Pelar las chalotas y picarlas finamente. Cortar el jamón en dados pequeños.

Escurrir las pechugas y reservar el cava de la maceración. Secarlas. Salpimentarlas y rebozarlas en harina.

Calentar el aceite y derretir la mantequilla en una sartén y rehogar ligeramente el jamón. Escurrirlo y reservarlo.

En la misma sartén dorar las pechugas por ambos lados. Escurrirlas y reservarlas.

Verter el cava reservado en una cazuela de barro y calentarlo hasta que comience a hervir.

Añadir las chalotas, el jamón y la media pastilla de caldo. Cocer

20 minutos a fuego vivo, hasta que el líquido se haya reducido a la mitad.

Añadir las pechugas y las uvas, y continuar la cocción durante 10 minutos, a fuego suave.

Incorporar la crema de leche y calentar hasta que comience a hervir. Retirar del fuego y servir en una fuente algo honda.

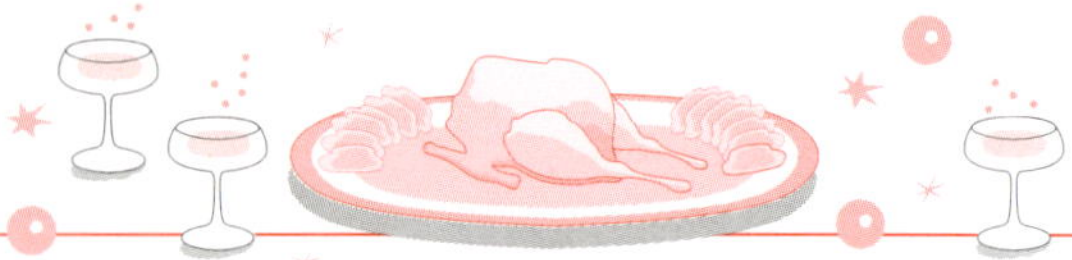

PULARDA GRAND VENEUR

INGREDIENTES PARA 8 PERSONAS

Pularda limpia: 1 de 2,500 kg. Zumo de 2 limones. Jerez: 2 vasos. Caldo de ave: 3/4 l. Cebolla: 1. Tomates maduros: 400 g. Mermelada de grosellas: 3 cucharadas. Crema de leche: 1 vaso. Aceite: 1/2 taza. Mantequilla: 75 g. Arroz blanco: *véase* la receta. Pimienta en grano: 1/2 cucharadita. Sal.

PREPARACIÓN

Pelar la cebolla y picarla finamente. Cortar los tomates por la mitad y rallarlos.

Precalentar el horno a temperatura máxima. Salpimentar la pularda por dentro y por fuera. Ponerla en una fuente refractaria. Untarla con la mitad de la mantequilla. Rociarla con la mitad del zumo de limón y tres cucharadas de aceite.

Asarla 20 minutos en el horno. Darle la vuelta y asarla otros 20 minutos más.

Mientras, calentar el aceite y la mantequilla restante en una cacerola de fondo grueso y dorar la cebolla a fuego suave.

Añadir los tomates rallados y cocerlos durante 10 minutos a fuego suave.

Incorporar el jerez, la pimienta en grano, sal, el zumo de limón

restante, la mermelada y el caldo. Cocer 30 minutos más a fuego medio, sin tapar la cacerola.

Retirar la pularda del horno y cortarla en ocho trozos. Ponerlos en la cacerola y continuar la cocción durante unos 50 minutos más, siempre a fuego medio y sin tapar, hasta que la pularda quede tierna.

Preparar el arroz blanco como lo indica su receta.

Añadir la crema de leche a la cacerola y calentar, sin que llegue a hervir.

Poner la pularda en una fuente. Cubrirla con parte de la salsa. Poner el resto de la misma en una salsera. Poner el arroz en una fuente aparte y servir enseguida.

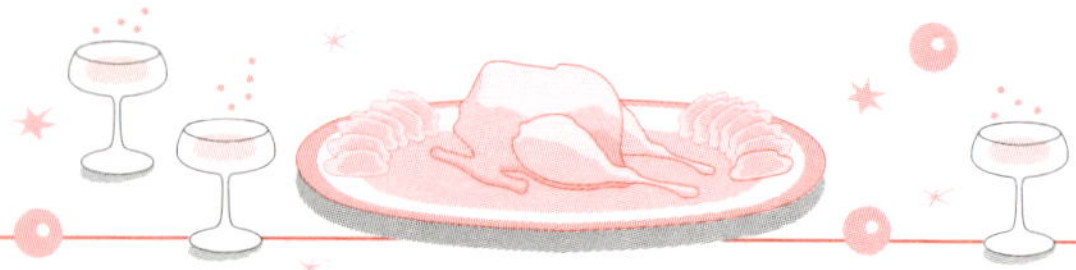

FILETES AL QUESO DE CABRALES

INGREDIENTES PARA 8 PERSONAS

Filetes de solomillo de buey, de 1 cm de grosor: 8. Queso de Cabrales: 300 g. Crema de leche: 200 cc. Mantequilla: 50 g. Nueces peladas: 100 g. Coñac: 2 cucharadas. Pan de molde: 8 rebanadas. Aceite: para untar. Azúcar: una pizca. Pimienta. Sal.

PREPARACIÓN

Precalentar una plancha de hierro sobre el fuego durante unos 10 minutos.

Picar las nueces.

Tostar las rebanadas de pan.

Mientras tanto, poner el queso de Cabrales y la mantequilla en un cazo y calentar a fuego suave, sin dejar de remover con una cuchara de madera, hasta que ambos ingredientes se hayan derretido.

Añadir el coñac, las nueces y la crema de leche. Condimentar con pimienta y azúcar. Calentar a fuego suave y removiendo constantemente los ingredientes, hasta conseguir una salsa homogénea. Retirarla del fuego y reservarla.

Untar los filetes con aceite y ponerlos sobre la plancha caliente. Asarlos hasta que asomen las primeras gotas de jugo.

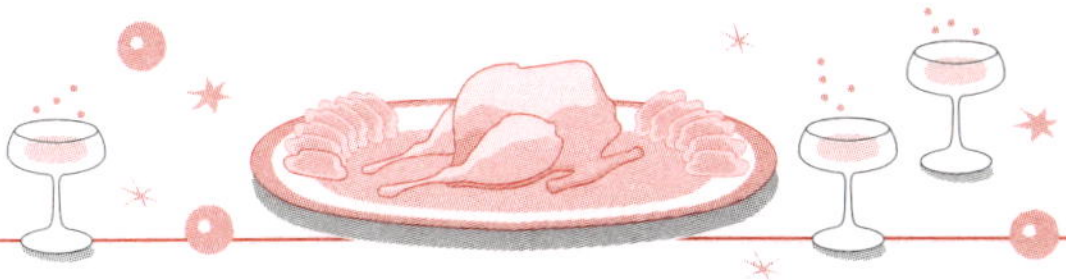

Darles la vuelta. Espolvorearlos con sal y asarlos unos minutos más, hasta que asomen nuevamente las primeras gotas de jugo.

Extender las tostadas en una fuente. Colocar los filetes sobre ellas y cubrirlos con parte de la salsa. Poner el resto en una salsera. Servir enseguida.

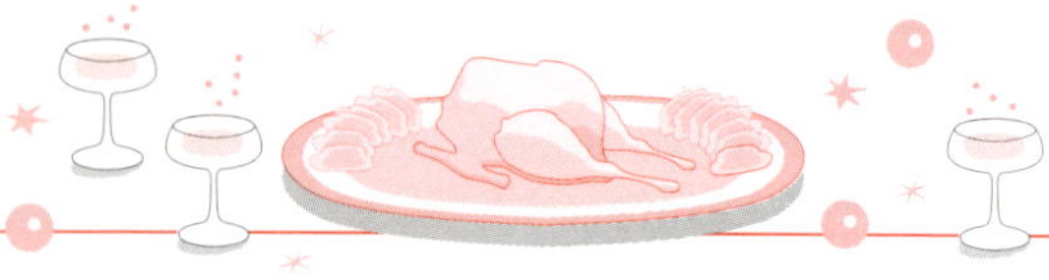

JAMÓN FRESCO CON NARANJAS

INGREDIENTES PARA 12 PERSONAS

Pierna de cerdo deshuesada: 1 de 3 kg. Vino oporto: 2 vasos. Naranjas: 6. Aceite: 1/2 taza. Mantequilla: 75 g. Caldo de carne: 1 taza. Azúcar: 6 cucharadas. Coñac: 4 cucharadas. Huevos hilados: 75 g. Tomates "cherry": 10. Pimienta. Sal: 1 y 1/2 cucharada.

PREPARACIÓN

Mezclar 4 cucharadas de azúcar con la sal. Pinchar la pierna de cerdo con una aguja en varios sitios. Frotarla con la mezcla del azúcar y la sal. Envolverla en un paño de cocina y dejarla macerar durante 5 días en el frigorífico.

Poner abundante agua a hervir en una olla. Lavar la carne cuidadosamente y cocerla en el agua hirviendo durante 1 hora.

Precalentar el horno a temperatura caliente (190º C - termostato 7). Untar una bandeja de horno con aceite.

Escurrir la carne y ponerla en la bandeja. Rociarla con aceite y bañarla con el oporto. Espolvorearla con sal y pimienta. Hornearla durante 40 minutos, rociándola a menudo con su propio jugo.

Verter el caldo y continuar la cocción durante 1 hora más.

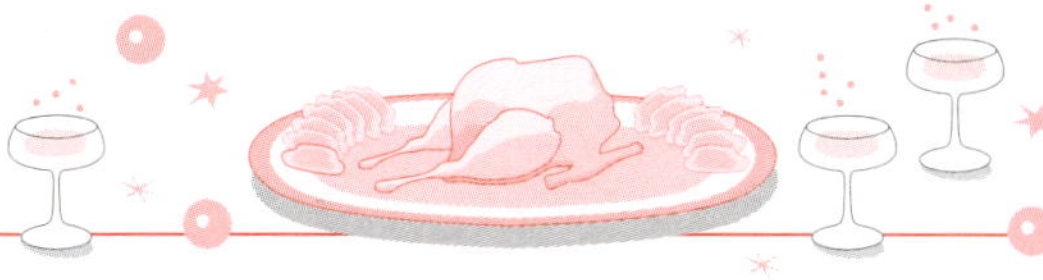

Pelar las naranjas y separarlas en gajos. Derretir la mantequilla en una sartén grande y rehogar los gajos de naranja durante un par de minutos.

Espolvorearlos con el azúcar restante y verter el coñac. Menear la sartén de manera que el fuego de la cocina encienda el coñac.

Poner la carne en una fuente. Rodearla con los huevos hilados y los tomates. Poner la salsa en una salsera y los gajos de naranja en una ensaladera aparte. Servir enseguida.

PIERNAS DE CORDERO LECHAL ASADAS

INGREDIENTES PARA 8 PERSONAS

Piernas de cordero lechal: 2. Manteca: 2 cucharadas. Patatas pequeñas: 1 kg. Chalotas: 16. Zanahorias: 2. Apio verde: 1 rama. Ajo: 4 dientes. Vinagre: 3 cucharadas. Vino blanco: 2 vasos. Caldo de carne: 1 taza. Limón: 1. Tomillo seco: 2 cucharaditas. Pimienta en grano: 1 cucharadita. Sal.

PREPARACIÓN

Precalentar el horno a temperatura máxima.

Pelar las chalotas y los dientes de ajo. Cortar estos últimos en láminas. Raspar las zanahorias y cortarlas en rodajas. Picar la rama de apio. Cortar el limón en rodajas. Lavar las patatas sin pelarlas.

Condimentar las piernas con sal y untarlas con media cucharada de manteca. Ponerlas en una fuente refractaria o en una besuguera. Asarlas en el horno ya caliente 20 minutos.

Mientras tanto, derretir el resto de la manteca en un cazo. Rehogar ligeramente el apio, las zanahorias y los dientes de ajo. Agregar el vino, el vinagre, las rodajas de limón, el tomillo, la pimienta en grano y el caldo. Cocer a fuego vivo durante 10 minutos.

Agregar esta salsa a la fuente del cordero. Añadir las patatas sin pelar y las chalotas. Tapar la fuente con un trozo de papel de aluminio y continuar la cocción en el horno a temperatura caliente (200° C - termostato 8) durante 1 hora aproximadamente, hasta que al pinchar la carne desprenda un jugo incoloro.

Poner las piernas en una fuente. Agregar las chalotas y las patatas. Pasar el jugo de cocción por un colador chino y servirlo en una salsera aparte.

SOLOMILLOS DE CERDO A LA WELLINGTON CON CIRUELAS Y PURÉ DE MANZANAS

INGREDIENTES PARA 8 PERSONAS

Solomillos de cerdo: 4. Mostaza: 6 cucharadas. Ciruelas sin hueso: 400 g. Manzanas "red delicius": 5. Zumo de 1 limón. Vino blanco seco: 2 vasos. Mantequilla: 40 g. Azúcar: 2 cucharadas. Pasta de hojaldre congelada: 600 g. Huevo: 1. Pimienta. Sal.

PREPARACIÓN

Poner las ciruelas en un cuenco. Cubrirlas con el vino blanco y dejarlas en remojo 2 horas. Escurrirlas y reservar las ciruelas y el vino por separado.

Batir el huevo en un tazón y reservarlo. Pelar las manzanas y cortarlas en trozos pequeños.

Poner el vino reservado en un cazo y agregar las manzanas, el azúcar, el zumo de limón, una cucharada de mostaza, la mantequilla y una pizca de sal. Cocerlas a fuego suave hasta que estén muy tiernas.

Aplastarlas con un tenedor o pasarlas por una batidora eléctrica para reducirlas a un puré. Reservarlo.

Precalentar el horno a temperatura muy caliente (220º C - termostato 9).

Espolvorear la mesa de trabajo con harina y estirar el hojaldre hasta conseguir unos 4 mm de grosor. Untarlo con la mostaza restante y cortarlo en 4 rectángulos iguales.

Poner un solomillo sobre cada uno de los rectángulos. Espolvorearlos con sal y pimienta. Agregarles las ciruelas y envolverlos con la pasta de hojaldre, formando paquetes.

Pincelarles la superficie con el huevo batido. Ponerlos sobre una bandeja de horno y hornearlos durante unos 40 minutos, hasta que el hojaldre resulte dorado.

Pasar los solomillos a una fuente y el puré de manzanas bien caliente a una ensaladera. Servir enseguida.

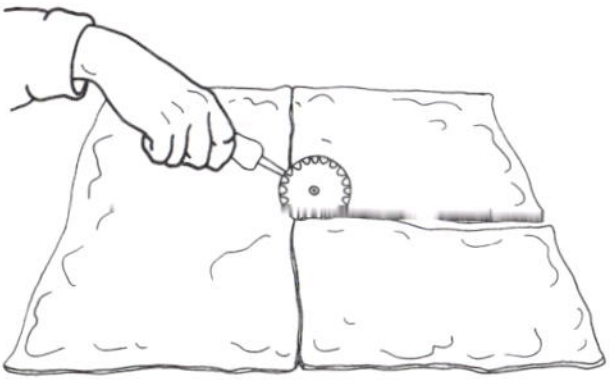

Cortar el hojaldre

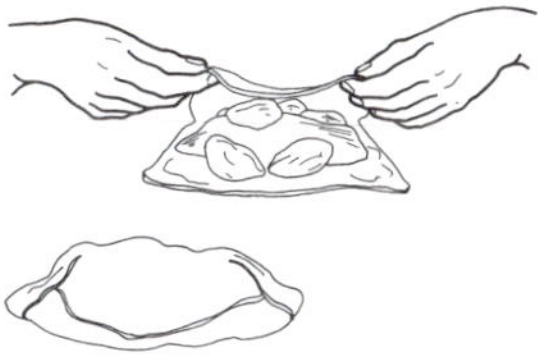

Formar paquetes

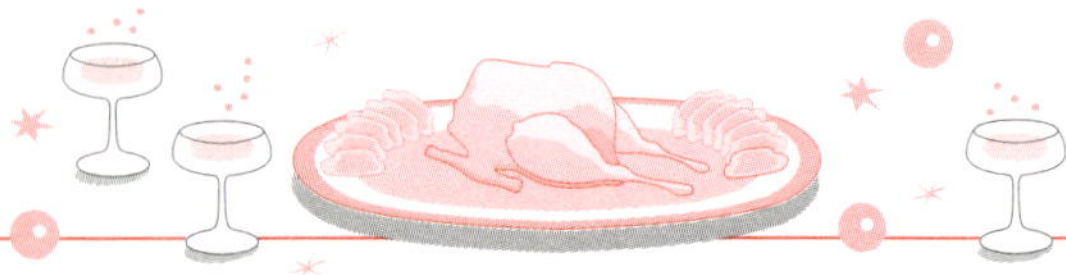

MOUSSE DE LIMA Y LIMÓN

INGREDIENTES PARA 8 PERSONAS

Huevos: 4. Azúcar: 200 g. Maicena: 30 g. Limas: 2. Limones: 2. Mantequilla: 40 g. Sal.

PREPARACIÓN

Rallar la piel de una lima y de un limón. Exprimir las dos limas y los dos limones. Separar los huevos en claras y yemas. Diluir la maicena en media taza de agua.

Poner las yemas en un cuenco. Añadirles el azúcar y batirlas con un batidor de varillas hasta que estén bien espumosas y espesas.

Incorporar los zumos y las ralladuras de lima y de limón. Agregar 1 taza de agua y mezclar bien.

Pasar la preparación a una cacerola y cocerla al baño María, sin dejar de batirla con una espátula de madera, hasta que se espese.

Incorporar la mantequilla y mezclar hasta que ésta se derrita. Retirar del fuego.

Montar las claras con una pizca de sal a punto de nieve. Mezclarlas suavemente con la preparación anterior.

Repartirla en copas y dejar enfriar.

Reservar en la nevera, hasta que la mousse esté bien fría.

PASTEL DE CHOCOLATE AMARGO

INGREDIENTES PARA 8 PERSONAS

Chocolate amargo: 330 g. Huevos: 6. Mantequilla a temperatura ambiente: 230 g. Azúcar glas: 130 g. Nata líquida: 330 cc. Cacao en polvo: 1 cucharadita. Mitades de nueces: 8. Sal.

PREPARACIÓN

Separar los huevos en claras y yemas. Montar las claras con una pizca de sal a punto de nieve.

Poner el chocolate en un cazo y derretirlo al baño María. Añadir el azúcar y las yemas, poco a poco y sin dejar de remover con una cuchara de madera, con la precaución de que no llegue a hervir.

Retirar el cazo del fuego y añadir la mantequilla. Mezclarla hasta que se derrita y se integre en la preparación. Incorporar a las claras montadas y mezclar suavemente.

Forrar un molde redondo de 26 cm de diámetro con film transparente y rellenarlo con la preparación. Dejarlo en la nevera hasta que se solidifique. Montar la nata hasta que esté consistente.

Desmoldar el pastel sobre una fuente. Esparcirle la nata montada y alisar la superficie con una espátula.

Poner el cacao en un colador de malla fina y espolvorearlo sobre la nata. Adornar con las mitades de nueces y servir.

CALDO CORTO

INGREDIENTES

Cabezas y espinas de pescado: 500 g. Vino blanco: 1/2 l. Agua: 3 l. Cebolla: 1. Apio verde: 2 ramas. Zanahorias: 3. Perejil: 6 ramas. Laurel: 3 hojas. Tomillo: 1 rama. Pimienta en grano: 1 cucharadita. Sal: 1 cucharada.

PREPARACIÓN

Poner las cabezas y espinas de pescado en una olla. Agregar el vino, el agua, el perejil, el laurel, el tomillo, la pimienta en grano y la sal.

Raspar las zanahorias. Pelar la cebolla y trocearla. Cortar las ramas de apio por la mitad. Agregar las verduras a la olla.

Cocinar a fuego lento durante 40 minutos y utilizar.

SALSA CREMA

INGREDIENTES PARA 8 PERSONAS

Mantequilla: 50 g. Harina: 50 g. Leche: 1/4 l. Crema de leche: 1/4 l. Nuez moscada rallada: una pizca. Pimienta blanca molida: una pizca. Sal.

PREPARACIÓN

Derretir la mantequilla en un cazo a fuego suave, sin que llegue a hervir.

Añadir la harina y remover con una cuchara de madera durante unos segundos hasta que comience a burbujear.

Verter la leche y cocer a fuego suave, sin dejar de remover con la cuchara de madera, hasta conseguir una salsa lisa y espesa.

Añadir la crema de leche y condimentar con nuez moscada, sal y pimienta. Continuar la cocción, sin dejar de remover, hasta que la salsa quede lisa y fluida. Utilizar.

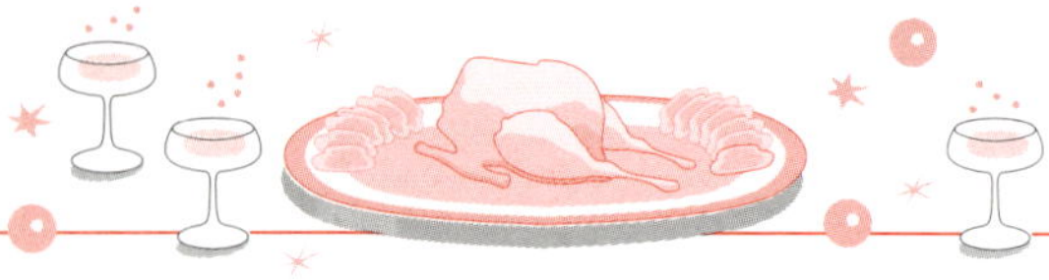

CRÊPES

INGREDIENTES PARA 8 PERSONAS

Harina: 350 g. Maicena: 1 cucharada. Huevos: 5. Leche: 2 tazas. Agua: 1 taza. Aceite: 2 cucharadas. Mantequilla, manteca o margarina: cantidad necesaria. Sal.

PREPARACIÓN

Poner la harina en un cuenco. Mezclarla con una pizca de sal y la maicena.

Agregar la leche y el agua. Batir vigorosamente hasta que se haya formado una pasta lisa.

Incorporar el aceite y los huevos. Batir enérgicamente hasta que la preparación resulte lisa y homogénea. Taparla y dejarla descansar media hora.

Untar una sartén de unos 22 cm de diámetro con un trocito de mantequilla, manteca o margarina, y derretirla sobre el fuego.

Verter un cucharón escaso de pasta y menear la sartén para que ésta cubra el fondo (debe quedar una capa muy fina).

Una vez cuajada de un lado darle la vuelta con una espátula y dorar por el otro lado. Repetir el procedimiento con el resto de la pasta.

Apilar las crêpes en un plato. Taparlas con un trozo de papel de aluminio para evitar que se resequen, hasta el momento en que se vayan a utilizar.

Repartir la pasta

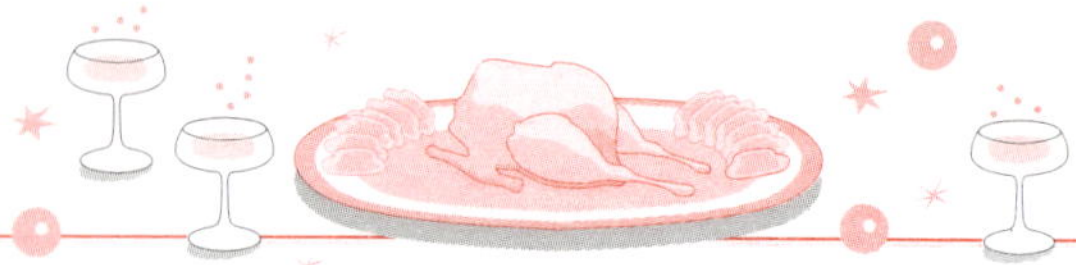

TULIPAS

INGREDIENTES PARA 8 PERSONAS

Harina: 60 g. Maicena: 1 cucharadita. Claras: 2. Azúcar: 70 g. Mantequilla: 35 g. Mantequilla o margarina: para untar. Zumo de limón: unas gotas. Sal: una pizca.

PREPARACIÓN

Precalentar el horno a temperatura caliente (200º C - termostato 8). Cortar papel parafinado en cuadrados de 20 cm de lado. Poner un cuadrado sobre una lata de pastelería. Untarlo con mantequilla o margarina.

Mezclar la harina con la maicena y la sal. Derretir la mantequilla, sin que llegue a hervir.

Unir el azúcar con las claras hasta conseguir una crema. Agregar la mezcla de harina y maicena, y batir con un batidor de varillas hasta unificar la preparación.

Incorporar la mantequilla derretida y el zumo de limón.

Poner dos cucharadas de la pasta obtenida sobre el papel. Extenderla con el revés de una cuchara hasta conseguir un disco delgado de unos 15 cm de diámetro.

Hornearlo 7 minutos, hasta que los bordes estén dorados. Levantarlo con la espátula y apoyarlo sobre un vaso dado la vuelta. Apretarlo con un paño de cocina durante unos segundos hasta que adquiera la forma de una tulipa. Repetir el procedimiento hasta acabar con la pasta.

Dejar enfriar las tulipas y utilizarlas.

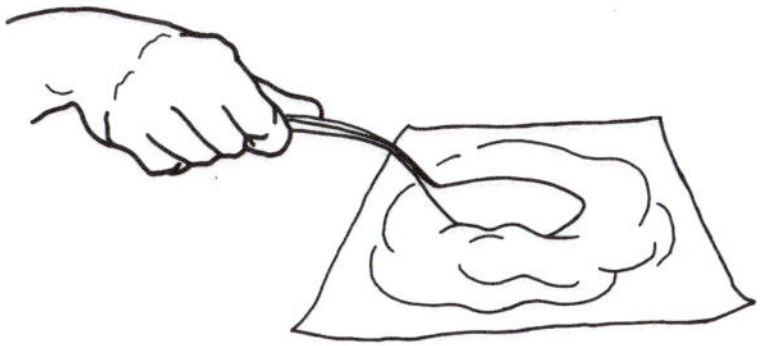

Extender la pasta

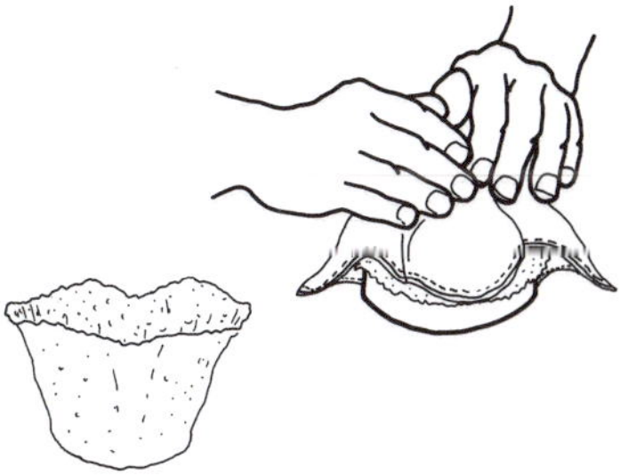

Moldear las tulipas

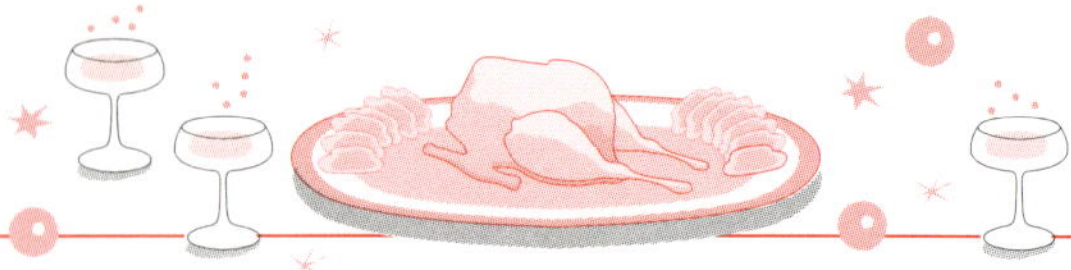

NOTAS

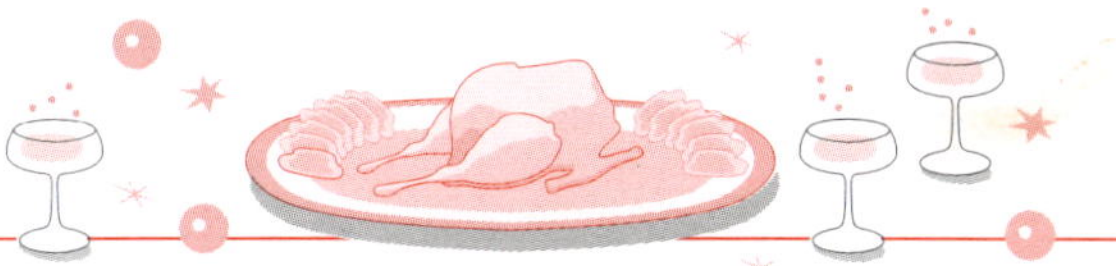

NOTAS

NOTAS

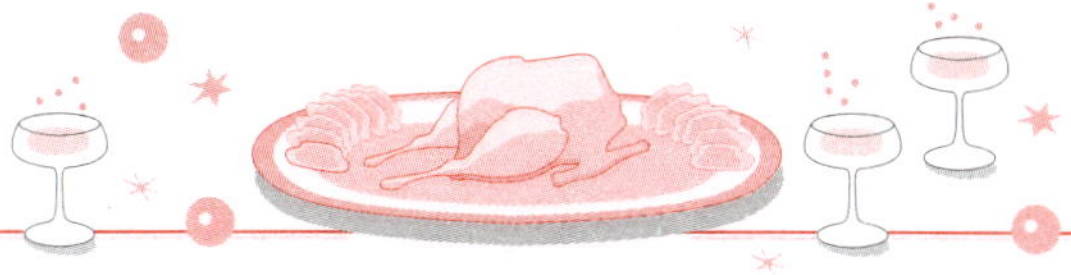

NOTAS

ÍNDICE ALFABÉTICO

ÍNDICE TEMÁTICO